OASIS
THE MASTERPLAN

PHOTOGRAPHS BY KEVIN CUMMINS

OASIS

THE MASTERPLAN

OASIS

THE MASTERPLAN

오아시스 더 마스터플랜

KEVIN CUMMINS

케빈 커민스

케빈 커민스 Kevin Cummins

데이비드 보위, 이안 커티스, 더 스미스, 이기 팝, 비요크, 밥 말리, 패티 스미스 등 최고의 뮤지션을 찍은 사진으로 세계적인 명성을 얻은 포토그래퍼. 20년 이상 '록의 바이블'이라 불리는 음악 잡지 NME와 함께하며 현대 음악 역사에서 가장 유명한 이미지들을 포착했다. 그의 사진은 여러 잡지 커버로 쓰였으며 브루클린 미술관, 시드니 오페라 하우스, 페이스 갤러리, 내셔널 포트레이트 갤러리 등 여러 미술관과 박물관에 전시 및 소장되어 있다. 2015년에는 맨체스터 메트로폴리탄 대학교에서 명예박사 학위를 받았고, 데이비드 보위, 모리세이, 조이 디비전, 뉴 오더 등 여러 뮤지션의 사진집을 출간했다.

이원열 옮긴이

번역가 겸 뮤지션. '헝거 게임' 시리즈, '스콧 필그림' 시리즈, '트와일라잇' 시리즈의 〈브리태너〉 등의 책을 옮겼다. 로큰롤 밴드 '원 트릭 포니스'의 리드싱어 겸 송라이터로 활동하고 있다.
롯데 자이언츠의 우승을 사직 구장에서 직접 지켜보겠다는 꿈을 지니고 있다. 그건 불가능한 일이라고 말하는 사람들도 있겠지만Some Might Say, 매년 야구 시즌이 끝날 때마다 분노에 차서 한 해를 돌아보지 않는Don't Look Back in Anger 법을 아직 배우지 못해 하염없이 기다린다. 젊음을 유지하며Stay Young 영원히 살다 보면Live Forever 언젠가는 보게 되리라 믿고 있다. 그것 역시 '마스터플랜'의 일부가 아닐까.

오아시스 더 마스터플랜

1판1쇄 펴냄 2025년 5월 27일

지은이 케빈 커민스
옮긴이 이원열

펴낸이 김경태
편집 조현주 홍경화 강가연
디자인 박정영 김재현
마케팅 유진선 강주영 정보경

펴낸곳 (주)출판사 클
출판등록 2012년 1월 5일 제311-2012-02호
주소 03385 서울시 은평구 연서로26길 25-6
전화 070-4176-4680 팩스 02-354-4680
이메일 bookkl@bookkl.com

ISBN 979-11-94374-18-3 03670

First published in Great Britain in 2025 by Cassell,
an imprint of
Octopus Publishing Group Ltd
Carmelite House, 50 Victoria Embankment, London EC4Y 0DZ
www.octopusbooks.co.uk

An Hachette UK Company
www.hachette.co.uk

The authorized representative in the EEA is
Hachette Ireland, 8 Castlecourt Centre, Dublin 15, D15XTP3, Ireland
(email: info@hbgi.ie)

Text and photographs copyright ©Kevin Cummins 2025
Introduction text copyright ©Gail Crowther 2025
Design and layout copyright ©Octopus Publishing Group 2025
"The Masterplan" Words and Music by Noel Gallagher ©1997.
Quoted on page 11 and reproduced by permission of Dead Leg Music/SM
Publishing UK Limited, London N1C 4DJ

출판사 클의 책을 만나보세요.

차례

여는 말

케빈 커민스

오아시스가 영국에서 제일 잘 나가는 밴드가 되기 전이었던 1994년 초, 나는 오아시스의 소속 레이블 크리에이션 레코드Creation Records의 의뢰를 받아 그들의 사진을 찍게 되었다. 스튜디오에서 다양한 조명 테크닉을 써보고, 또 여러 로케이션에서 촬영해보며 밴드에게 어떤 모습이 제일 잘 어울리는지 찾는 것이 목적이었다.

그해 2월에 난 첫 촬영을 하러 암스테르담행 비행기에 올랐다. 오아시스는 버브The Verve 공연에서 오프닝을 할 예정이었다. 하지만 도착 후 나를 맞아준 건 노엘 한 명뿐이었다. 다른 멤버들은 전날 밤 놀았던 여파로 아직 못 나온 거려니 생각했는데, 노엘은 멤버들이 페리에서 첼시 팬들과 싸우다가 전부 체포되었고 모두 잉글랜드로 송환되었다고 말했다(웨스트햄 팬들이었다는 보도는 오보였다). 노엘은 자신은 일찍 잠들어서 현장에 없었다고 주장했다. 나는 암스테르담에 갔다는 증거를 남기는 동시에 NME*의 피처 사진으로 쓰기 위해 공연 포스터를 배경으로 노엘의 사진을 찍었다.

몇 주 뒤, 마침내 이스트 런던의 포토 스튜디오에서 오아시스를 촬영했다. 소호와 웨스트 엔드에서도 조금 더 찍었다.

갤러거 형제는 맨체스터 시티(이하 맨 시티)의 열렬한 팬이고 나 역시 마찬가지다. 나는 NME에 실릴 그들의 사진을 찍을 때 맨 시티 유니폼을 꼭 입히고 싶었다. 그래서 한 달 뒤 NME 커버 사진과 메인 기사 사진을 찍을 때 갤러거 형제는 맨 시티 셔츠를 입었다(나는 지금도 이 사진들이 정말 좋다).

당시 에디터는 이 사진을 표지에 쓰지 않기로 했다. 그는 사우스햄튼 팬이었는데, NME가 '패배자들'인 맨 시티와 연결되는 게 싫다고 했다. 흠, 지금도 그렇게 말할 수 있을까?

첫 NME 커버는 어느 밴드에게나 중요하다. 완벽해야만 한다. 결국 우린 내가 찍은 리암의 사진을 커버로 사용하기로 결정했다. 리암이 겐트 뉴포트의 호텔에 있는 오아시스 바The Oasis Bar 간판 아래에 서 있는 모습이었다. 표지 문구는 '완전 쿨함, 오아시스: 세상이 기다려온 밴드'였다.

그럼에도 불구하고 맨 시티 유니폼을 입은 형체의 사진은 나의 가장 유명한 작업 중 하나가 되었다. 지금도 전 세계 잡지 커버에 사용되며(NME는 2010년 1월 2일에 오아시스 특집호를 낼 때 이 사진을 드디어 커버에 실었다), 맨 시티와 오아시스는 떼놓을 수 없는 관계가 되었다. 오아시스가 처음으로 일본과 미국 투어를 했던 1994년 9월, 브라더Brother 로고가 있는 맨 시티 유니폼을 입고 공연을 보러온 팬들도 많았다(그들 중에는 이게 일본 가전제품 기업 브랜드명이란 걸 모르는 이들도 있었고, 심지어 갤러거 형제를 의미하는 거냐고 내게 물어본 사람들도 있었다). 52-61쪽의 사진들은 채링 크로스 근처 플리트크로프트 스트리트에서 찍었는데, 당시 맨 시티의 미드필더였던 개리 플리트크로프트를 염두에 둔 것이었다.

나는 오아시스부터 노엘과 리암의 솔로 활동에 이르기까지, 삽십 년 동안 이들과 함께 간간이 작업해왔다. 여러 음악 잡지에 들어갈 사진을 책임지기도 했고, 에스콰이어 매거진, 맨 시티 키트 론칭 촬영도 함께 했다. 아디다스의 프리미엄 라인인 SPZL 관련 작업도 몇 차례 진행했으며 노엘 갤러거 하이 플라잉 버즈Noel Gallagher's High Flying Birds의 〈카운슬 스카이스Council Skies〉 앨범 커버도 맡았다. 이것은 내가 굉장히 즐기는 직업적

---

* NME(New Musical Express), 커민스가 오랫동안 함께 작업한 영국의 음악 잡지

관계이며, 이제까지 그들과 해온 작업들은 정말 자랑스럽다.

반대편 페이지에 있는 첫 사진은 내가 2000년에 파리에서 리암을 찍고 있는 장면이다. 저자 사진으로 뭔가 다른 것을 쓰고 싶었고, 이게 제일 적절할 듯했다. 254-255쪽의 마지막 두 사진은 1995년 NME 시상식에서 촬영한 것으로, 밴드의 성장에 정말 중요했던 그해에 오아시스가 그렸던 상승 곡선을 보여준다.

이 책의 모든 사진은 필름으로 촬영했다. 색이 가끔 고르지 못한 것은 현상 방식이 다르거나 보관 온도가 좋지 못해서다. 22-23쪽의 밴드 사진은 클립 테스트*이기 때문에 손상되었다. 하지만 그 세션에서 남은 유일한 컬러 사진이라 쓰고 싶었다. 나는 포토샵으로 손상을 지우는 건 진정성을 떨어뜨린다고 생각했고, 손상된 그대로를 책에 실었다.

맨 시티 사진 때문에 오아시스를 좋아하게 되었고, 밴드 멤버들이 자기 친구들처럼 옷을 입어서 좋았다는 말을 많은 사람들에게 들었다. 옷은 팬들에게 유대감을 주며 친근함을 느끼게 하는 연결고리가 되었다. 이 책에서 밴드가 입은 옷은 전부 자기 옷이다. 예외는 맨 시티 유니폼 두 장인데 둘 다 내 것이다. 리암이 225-229쪽에서 입고 있는 아르마니 데님 셔츠도 내 옷이다. 난 리암이 노엘과 비슷한 색의 옷을 입은 사진을 찍고 싶어서 입고 있던 셔츠를 빌려주었다. 그 결과 이미지와 배경에 일관성이 생겼고 조화로움을 더할 수 있었다.

1994년에 여덟 살이던 내 딸 엘라가 처음으로 좋아했던 밴드도 오아시스였다. 엘라는 얼마 전에 왜 지금도 오아시스를 제일 좋아하는지 말해주었다.

나는 음악을 들으며 밴드와 함께 자랐다. 아마 보통은 여덟 살짜리가 모를 법한 밴드를 알았다. 보이 밴드가 아닌 다른 밴드를 좋아하는 건 왠지 쿨하지 않았다. 게다가 맨체스터에서 초등학교를 다니면서 맨 시티 팬인 것은 힘든 일이었다. 1994년에 우리 팀 성적은 별로였고, 1996년에는 더 심했다. 난 끊임없이 놀림을 받았다. 난 이런 경험이 내 인격을 형성했다고 늘 말한다. 회복력이 있어야 했고 유머 감각을 키워야 했으니까.

그런데 갑자기 그 어느 것에도 아랑곳하지 않는 밴드가 나타났다. 그들은 우리 집에서 5분 거리에 살았다. 가장 중요한 것은 그들은 맨 시티를 응원했으며 그 사실을 자랑스러워했다. 그들은 '지구에서 제일 잘 나가는 밴드'가 될 거라고 했다.

난 그들을 만났고, 아빠와 함께 그들과 시간을 보내게 되었다. 그들은 내가 쿨하다고 느끼게 해주었다. 남들과 달라도, 그걸 신경 쓰지 않아도 괜찮다는 걸 알게 해주었다.

오아시스의 메인 로드** 공연은 꿈이 현실이 된 것만 같았고, 모두들 그 공연을 가고 싶어 했다.

그리고 갑자기 모든 것이 달라졌다.

엘라 같은 팬들에게도, 밴드에게도 변화가 일어났다.

이 사진들은 엄청난 변화가 일어났던 그 열두 달 동안의 기록이다.

---

* 노출을 확인하기 위해 현상하는 작은 필름 조각

** 1923년부터 2003년까지 맨체스터 시티가 사용한 홈 구장

오아시스: 더 마스터플랜

게일 크라우더

with **노엘 갤러거의 코멘터리**

Masterplan
명사: (종합적인 장기 계획)~을 위한 마스터플랜을 수립하다
동사(목적어와 함께 사용): 커리어를 마스터플랜하다

사진은 그냥 만들어지지 않는다. 커리어와 마찬가지다.
기획과 기술, 예술이 필요하고 때로는 위험도 따른다.
하지만 이 책에 담긴 케빈 커민스의 사진처럼 잘 찍은
사진들은 우릴 과거로 데려가 줄 뿐 아니라 시간 여행을
하도록 도와주기도 한다. 이 책의 경우는 특정 연도의
나날들로 우리를 데려가 준다. 1994년이다.

오아시스 같은 전 세계적 현상이 탄생하는 걸 상상하면
묘하다. 그들은 세월을 타지 않는 것처럼 느껴진다. 하지만
이 노래들이 존재하지 않았던 문화적 순간이 있었다.
그들의 음반사인 크리에이션 레코드가 오아시스를 세상에
선보이기 위해 준비하던 때가 있었다. 커민스의 책은 그때
일어났던 변화를 시각적으로 담아낸 이야기다.

처음 결과물을 확인하고 싶다면 이 책에 실린 첫 밴드
사진(22-23쪽)을 보라. 두 페이지에 걸친 스프레드 사진의
배경은 하늘색 스튜디오이고, 90년대 오버사이즈 재킷이
눈에 띈다. 빨간 옷을 입은 리암은 무표정한 얼굴을 하고
몸을 앞으로 기울이고 있다. 오른쪽의 노엘은 얼굴을
찡그린 채 손가락을 빨고 있다. 다른 멤버들은 마치 평생
사진을 한 번도 찍어본 적이 없는 듯한 모습이다. 그들의
평범한 스타일에는 진정한 아름다움이 있다. 노엘은 당시를
돌이켜 보며, 의도한 바는 아니었지만 여러 가지 면에서
그것이 오아시스의 매력 중 하나였다고 말한다. "우리는
우리 지역의 평범한 또래 노동 계급 남성들과 똑같아
보였다."

그러나 1994년 말에 메인 로드에서 찍은 두 사진(250-
251쪽)을 보라. 이제 그들에게 그 불확실함은 사라지고
없다. 그들은 모두 더 샤프해진 모습이고, 머리 모양도

나아졌다. 몸에 잘 맞는 깔끔한 코트를 입은 노엘은
축구공을 들고 카메라 렌즈를 똑바로 쳐다보고 있다.
이 이미지를 보고 의미를 읽어내야 한다면, 세상이 곧
자기 것이 되리란 사실을 알고 있는 남자의 모습이라고
해석하리라.

물론 사진에 대한 해석은 그리 신뢰할 만한 것이 아닐
수도 있다. 노엘은 사진 찍히는 걸 좋아하지 않고, 영화
〈스카페이스〉 속 알 파치노의 스타일을 흠모하는 것 외에는
패션에 관심도 없기 때문이다. 이 책에서 가장 마음에 드는
사진이 뭐냐고 묻자 그가 답했다.

"음…… 물어볼 사람을 잘못 찾은 것 같다. 사진, 사진가,
촬영은 내 최고의 모습을 끌어내지 못한다. 나는 멋있는 척
폼이나 잡는 사람은 아니지 않나?"

그는 패션에도 별 흥미가 없다.

"오아시스의 '룩'이 있다고 생각해본 적은 없다. 누군가는
있다고 생각하겠지만, 상관없다. 난 언제라도 운동화보다는
곡을 더 중시할 것이다. 운동화의 수명은 6개월 정도지만,
멜로디는 영원히 살아남는다."

하지만 오아시스에겐 그들만의 룩이 있었다. 커민스의
촬영 방식은 어느 정도 그 룩에 기여했다. 이것은 단순한
패션 그 이상을 의미한다. 물론 방금 애플렉스 팰리스*에서
산 것 같이 쉽게 따라 할 수 있는 룩은 굉장히 중요한
역할을 했다. 축구 스포츠웨어('테라스**−시크'라고
불리기도 하는)도 마찬가지다. 이중 하이라이트는 스폰서인
브라더 로고가 새겨진 맨 시티 유니폼을 입은 노엘과
리암의 사진들이다.

생명력이 긴 것은 그들의 패션만이 아니다. 패션을 기록한
사진들도 오래 기억된다. 커민스는 우리에게 오아시스의

---

* 맨체스터의 실내 시장
** 축구 경기장의 계단식 관람석

외모뿐 아니라 그들의 음악에 대해 예상과 기대를 형성하는 데에도 영향을 주었다. 시각과 청각을 이런 식으로 합치는 게 좀 이상해 보일지도 모른다. 사진을 '들을 수' 있느냐는 질문은 더 이상해 보일 수 있다.

하지만 이 책의 어느 사진이든, 한번 보기만 하면 오아시스가 어떤 음악을 하려고 하는지 제법 가깝게 추측할 수 있다. V넥 점퍼부터 맨 시티 유니폼, 버튼다운 셔츠까지 여러 스타일로 다양한 실험을 한 모습을 통해서다. 옷에 대한 선호뿐 아니라 그들의 경제적인 제약도 큰 역할을 했다.

"우린 땡전 한 푼 없었기 때문에 우리가 살 수 있는 옷을 입었을 뿐이다. 그 이상도 이하도 아니다."

노엘의 말이다. 우린 그들이 우리가 공감할 수 있는 내용을 노래하리라는 걸 안다.

패션의 변화와 함께 배경의 변화도 볼 수 있다. 맨체스터의 벽돌 테라스, 메인 로드의 관중석과 안데일 센터의 에스컬레이터가 소호의 좁은 골목을 지나 런던의 빨간 버스로 바뀐다. 멤버들이 맨체스터가 아닌 다른 곳에서 자랐어도 오아시스가 존재할 수 있었을까? "절대 불가능하다."는 게 노엘의 대답이다. 그들은 지역에 의해 결성되었지만 그곳에 갇혀 있거나 제약을 받지는 않았다. 맨체스터 차이나타운의 백 조지 스트리트에서 쓰레기가 가득 든 골판지 박스에 둘러싸여 있을 때나, 한 달 뒤 런던 옥스퍼드 스트리트의 버진 메가스토어에서 선글라스를 쓰고 연주하고 있을 때나 그들은 한결같다. 그들에겐 수많은 가능성, 수많은 길이 있고, '삶의 끝없는 복도에는 수천만 개의 문이 있다***.'

이 책은 바로 그 무한한 가능성을 기록하고 있다. 커민스는 이 모든 것들이 처음 시작되었던 곳을 기반으로 해서 마스터플랜이 어떻게 자라났고 구체화되었는지, 이 밴드의 기원이 무엇인지를 보여준다. 노엘의 표현을 빌면 이렇다.

"우린 맨큐니언****이다. 우리에겐 우리만의 무언가가 있다. 세상 사람들은 전부 그걸 사랑한다. 왜? 내가 어떻게 알아."

커민스는 무명이었다가 세계적으로 유명해진 밴드의 여정에서 가장 잊을 수 없는 이미지들을 포착했다. 이 이미지들을 보면 미술가 호안 미로의 유명한 말이 떠오른다. "그림을 일주일 동안 바라보고 나서 다시는 떠올리지 않을 수도 있고, 딱 1초 동안 본 그림을 평생 생각하게 될 수도 있다." 여기 있는 사진들은 평생 기억하게 될 이미지들이다. 오아시스 바 간판 아래에 선 리암, 페버릴 오브 더 피크Peveril of the Peak 펍 밖에 선 형제들, 곧 록스타가 될 이들이 솜사탕과 아이스크림을 먹는 모습, 맨 시티 유니폼을 입고 서로에게 팔을 두르고 있는 리암과 노엘. 이 순간은 그들 삶의 모든 것이 바뀌기 직전이었다.

커민스의 사진에는 애잔함과 축제 분위기가 공존한다. 그리고 예술이 있다. 이것은 한 해에 걸쳐 기록한 삶의 가능성들이며 이것이 사진의 힘이다. 미국의 사진가 다이앤 아버스는 사진을 찍는 행위Act of Photography를 모험으로 여겼다. 커민스는 이 책을 통해 상징적인 시간으로 모험을 떠나며 우리를 안내한다. 우리는 이야기의 결말을 안다. 1994년 말에 어떤 일이 일어났는지 정확하게 알고 있다. 하지만 이 모험과 여정은 당신이 어디에서 온 누구든, '우리 모두는 마스터플랜의 일부*****'라는 걸 일깨워준다.

*** "There's four and twenty million doors / On life's endless corridors." 오아시스의 'The Masterplan'의 가사

**** 맨체스터 출신 사람들
***** "We're all part of a masterplan." 오아시스의 'The Masterplan'의 가사

2월 18일

암스테르담

"내가 오아시스 촬영의 아트 디렉션을 맡았다면,
난 밴드가 찍히고 있는 줄 모를 때 촬영할 것이다.
포즈를 취하는 건 가짜다. 몰래 지켜보는 게 진짜다.
그래야 일종의 진실을 볼 수 있다."
―노엘 갤러거

2월 21일

런던, 슬라이 스트리트 스튜디오

오아시스가 포토 스튜디오에서 한 첫 촬영이었다.
오아시스를 스튜디오 환경에 적응시키고 어떤 스타일이
어울리는지 다양한 조명 테크닉을 시도해 보려고
레코드사에서 잡은 일정이었다.
그들은 입고 있는 옷 외엔 아무것도 들고 오지 않았다.
리암은 밝은 색 레인코트, 교복 스타일 점퍼,
아디다스 운동복 바지를 입고 왔다.
1930년대 스타일 그늘진 조명으로 여러 장 촬영했지만,
내가 보기엔 이 밴드를 띄우려면 클로즈업이 최선이었다.
당시 리암의 얼굴은 천사 같았다. 영국 음악 잡지 시장에
딱 맞는 얼굴이었다. 과연 예상대로 됐다.

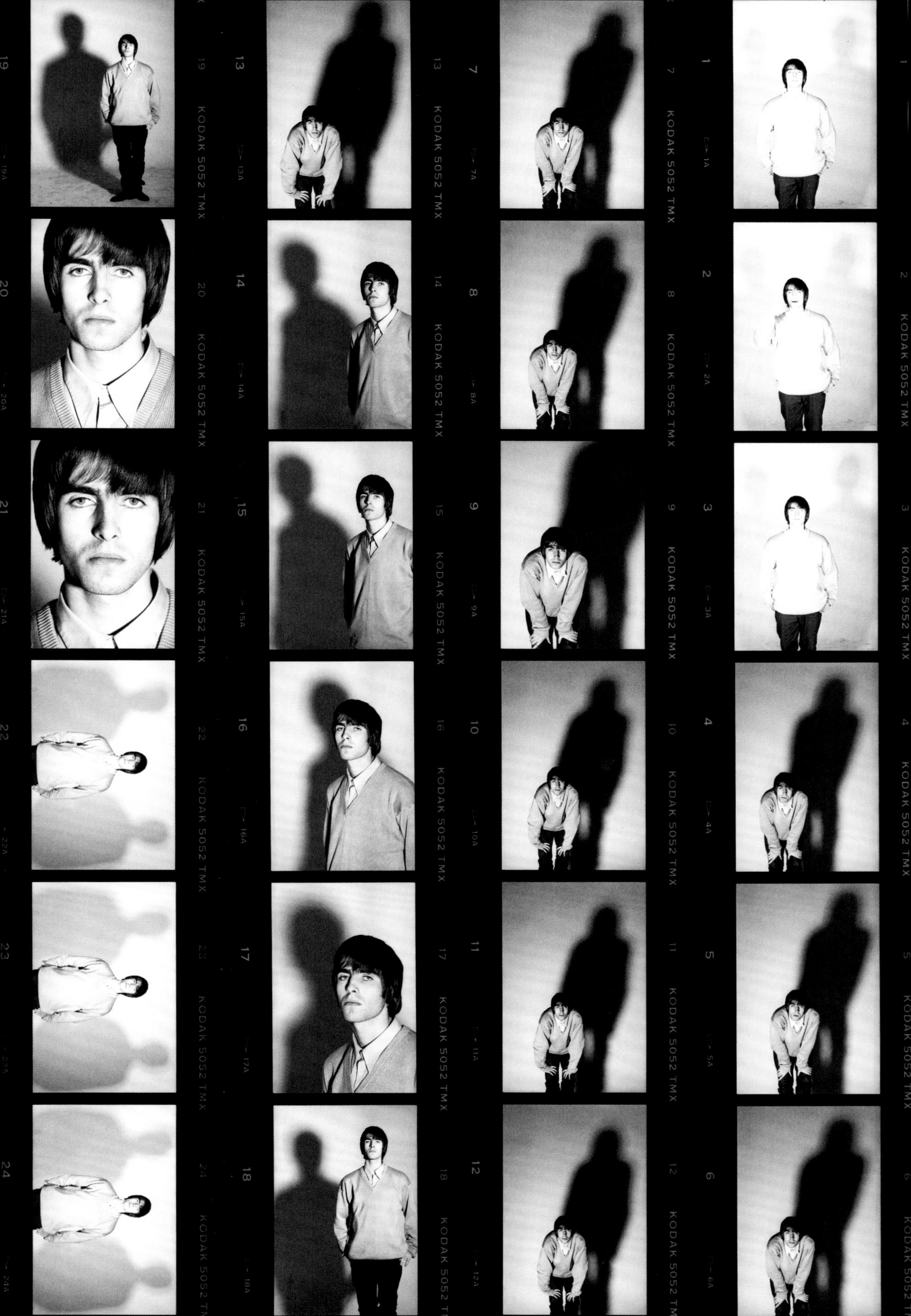
KODAK 5052 TMX

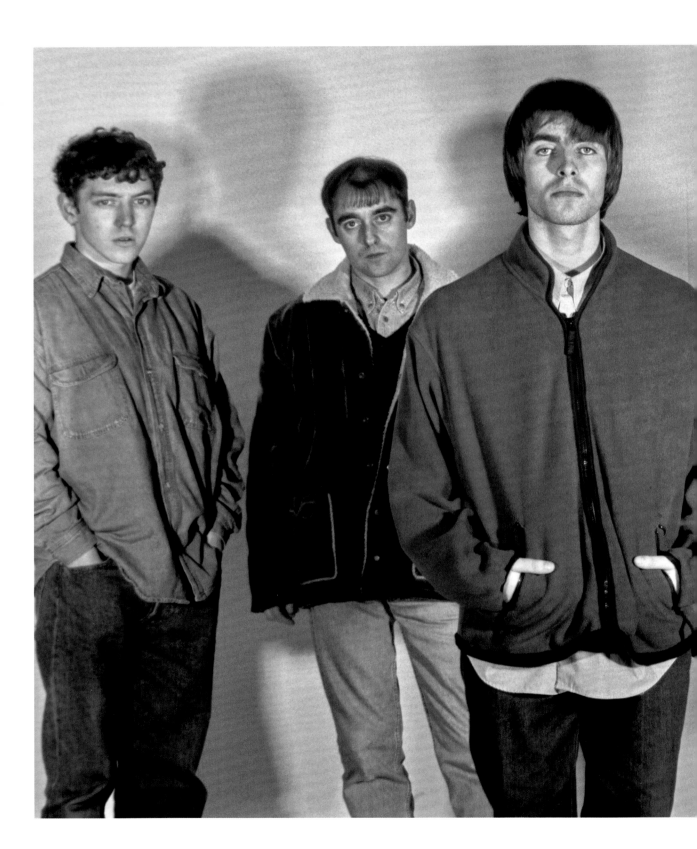

3월 15일

런던, 소호, 프리스 스트리트
카페 루즈

3월 15일

런던, 옥스퍼드 스트리트

FIVE GUYS
73
Newington Green
IsLington Kings Cross
Euston Oxford Street
Hyde Park Corner
TICKETS
LOOK FORWARD TO
TRAFFIC JAMS!
Traffic
Phone now for brochure
0800 70 70 70
NML
632E

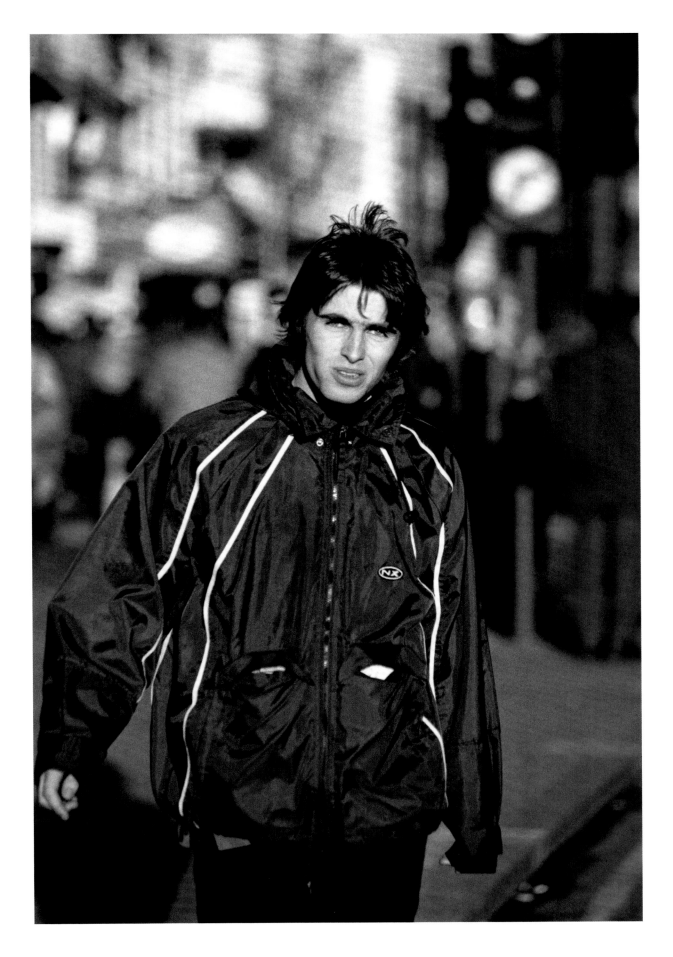

3월 15일

런던, 플리트크로프트 스트리트

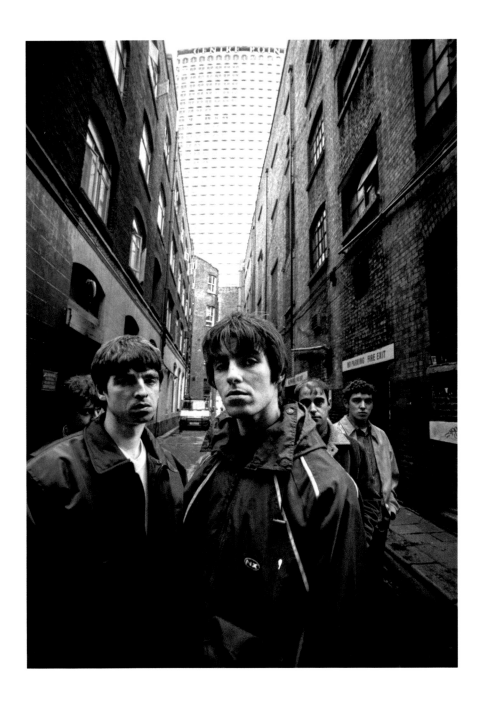

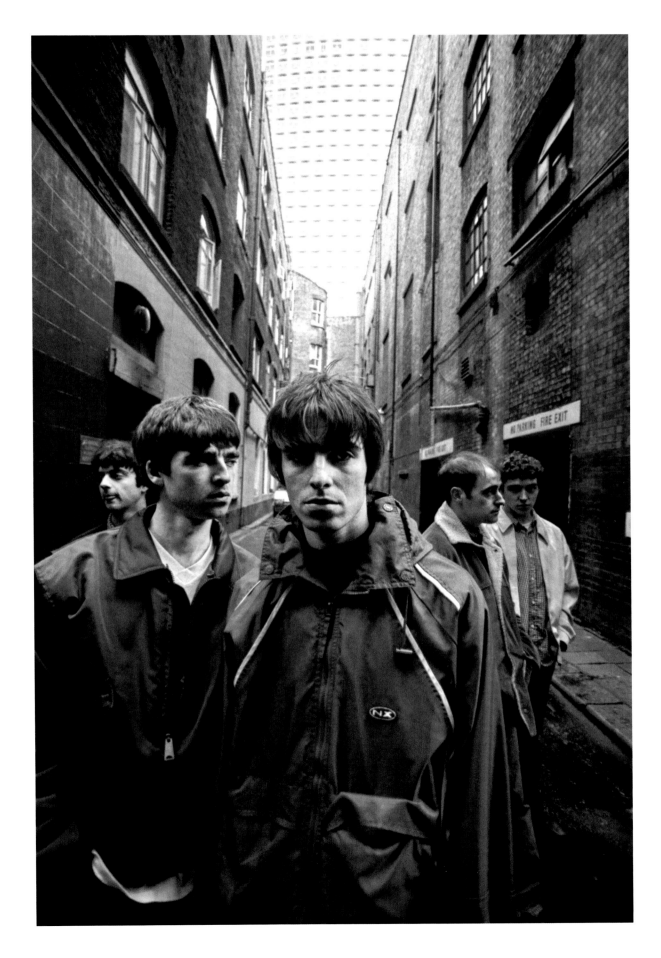

5월 2일
포츠머스, 웨지우드 룸스

"관객들이 가까이 있는 작은 공간에서 연주하는 건
스타디움과는 전혀 다르다. 여러모로 그게 더 긴장된다."
—노엘 갤러거

24 ▷ 24A
30 KODAK 5053 TMY
34 ▷ 34A

25 ▷ 25A
31 KODAK 5053 TMY
35 ▷ 35A

26 ▷ 26A
32 KODAK 5053 TMY
36 ▷ 36A

27 ▷ 27A
33 KODAK 5053 TMY
30 ▷ 30A
31 ▷ 31A
32 ▷ 32A
33 ▷ 33A

28 ▷ 28A
29 ▷ 29A

KC 05-05-44 B.

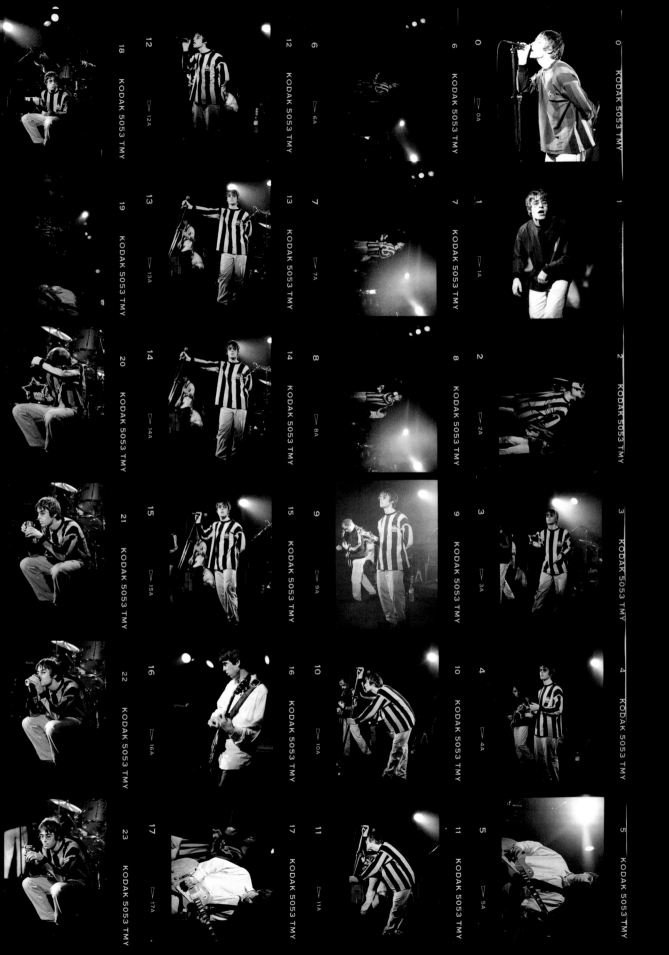

5월 2일
포츠머스, 메리어트 호텔

1994년에 NME는 오아시스를 커버에 싣기로 하고 내게 촬영을 맡겼다. 그들의 첫 커버였다. 우리가 커버 모델로 결정하면 대부분의 밴드들은 행실에 아주 유의한다. 하지만 오아시스는 달랐다.

몇 달 만에 오아시스에 대한 관심이 폭발적으로 늘었고, 이번 투어를 위해 잡은 장소들은 이미 그들이 연주하기엔 너무 작았다. 나는 도어 오픈 전 사운드체크 중 사진을 몇 장 찍을 수 있었다. 그리고 단 몇 초 만에 400석 규모의 웨지우드 룸스는 사람들로 가득 찼다. 열기로 인해 땀이 날 지경이었다. 무대는 너무 작았고 공연장은 완전히 아수라장이었다. 다른 공간이라곤 없었기 때문에 난 무대에서 촬영해야 했다. 그런 나를 보고 관객 중 절반 정도는 자기도 무대 위에 올라가야 한다고 생각했다.

마침내 공연장에서 빠져나와 포츠머스 항의 조용한 메리어트 호텔로 돌아왔고, 나는 그제서야 안도할 수 있었다. 그러나 그건 큰 착각이었다. 우리가 도착했을 땐 밴드 이스트 17East 17이 바에서 조용히 한잔하는 중이었다. 그들은 맨체스터 사람 스물한 명이 들어오는 걸 보고 서둘러 자리를 떴다. 적어도 이제부터 우리가 바를 독차지할 수 있었다.

이 호텔은 인테리어를 할 때 록 밴드가 묵을수도 있다는 건 생각하지 않았던 게 분명했다. 그걸 고려했다면 바를 1층 수영장 옆에 배치하지는 않았을 것이다. 아직 록큰롤 악동 페르소나를 키워 나가고 있던 리암은 플라스틱 테이블과 의자를 전부 수영장에 던져 버렸다.

노엘은 동생 리암에게 이제 우리가 앉아서 술을 마실 곳이 없어지지 않았느냐고 합리적으로 지적하더니, 수영장에 들어가 가구들을 꺼내 제자리에 놓으라고 했다. 리암은 시키는 대로 하고 나서는 노엘에게 시비를 걸려 했다. 스태프들은 늘 일어나는 이 퍼포먼스에 신경도 쓰지 않고 주위에 서 있었다. 마침내 두 사람은 포옹했고, 우리 모두는 자리에 앉았다. 바텐더의 표정엔 근심이 점점 짙게 서렸다. 그가 우리에게 라스트 오더 시간이라고 하자, 노엘은 스물한 명 모두에게 각 여섯 잔씩을 달라고 했다. 바텐더는 장사를 생각하면 문을 열어두는 게 낫겠다고 결심했지만, 화장실에 가야 했다. 그가 돌아왔을 때는 누가 이미 바에서 온갖 술을 꺼내 모두에게 나눠 준 뒤였다. 긴 밤이 될 터였다.

술을 잔뜩 마시며 믿기 힘든 허풍을 잔뜩 주고받고 나서야, 새벽 5시경에 스태프 중 한 명이 우린 곧 사우스 웨일스에 있는 뉴포트까지 차로 출발해야 한다는 걸 떠올리고는 이제 그만 들어가자고 말했다. 다섯 시간 동안 마신 술값을 누군가 브라이언 하비의 객실 앞으로 달아놓았던 게 틀림없다. 우리가 나갈 때 바텐더가 우리 일행 중 한 명에게 "안녕히 주무세요, 하비 씨."라고 말했던 게 기억난다.

이스트 17의 프론트맨이 우리 술값을 대신 내줬던 건지 지금도 궁금하다. 만약 그랬다면, 고마워 브라이언, 진토닉 열다섯 잔 빚졌군.

5월 4일

궨트, 뉴포트, 킹스 헤드 호텔

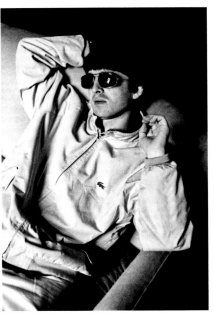

"그래도 그 커버 사진은 끝내줬고,
즐거운 밤이기도 했다!"
—노엘 갤러거

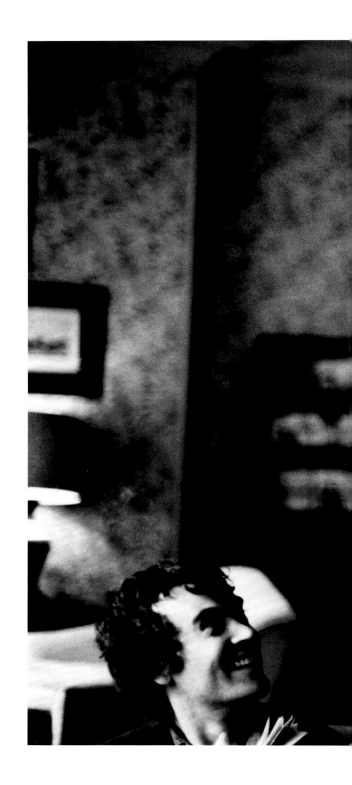

5월 9일

런던, 슬라이 스트리트 스튜디오

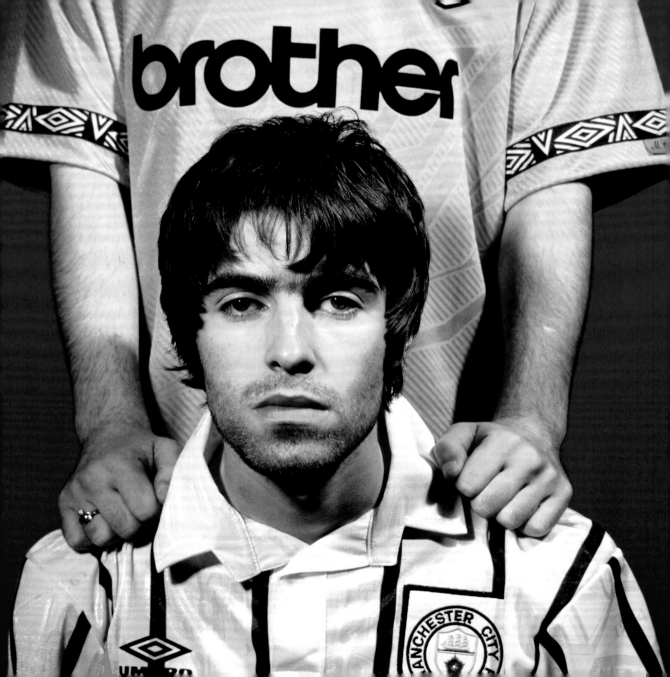

KC 9-5-94 D

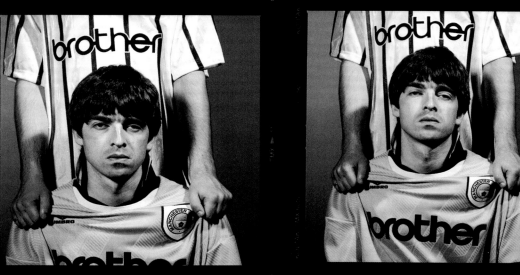
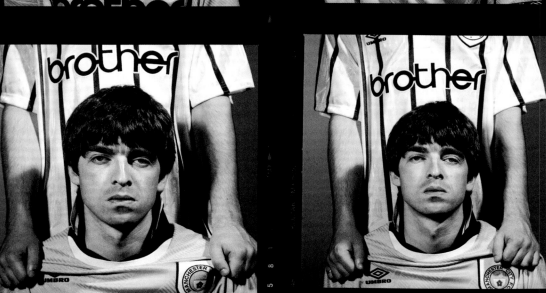

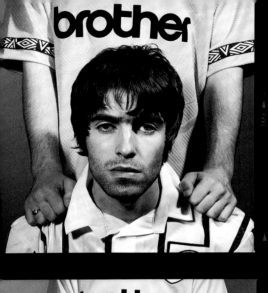
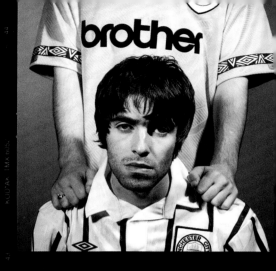

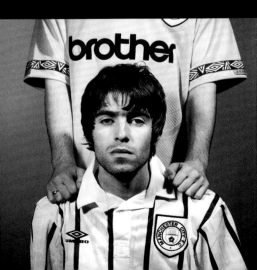

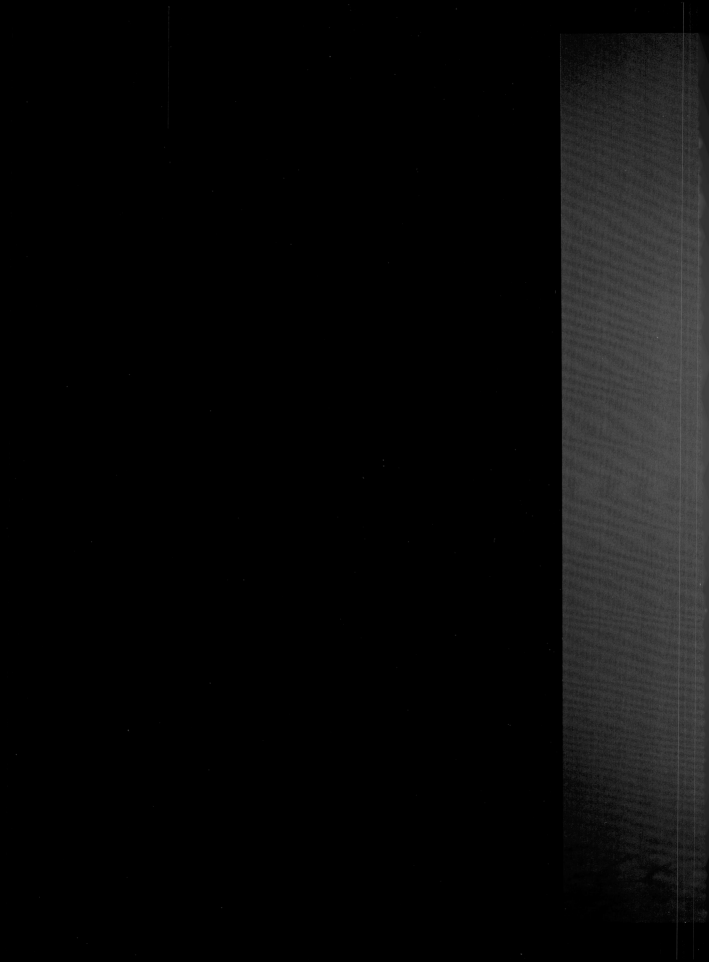

5월

런던, 킹스 리치 타워
NME 이벤트

7월 29일

맨체스터, 안데일 센터

7월 29일

맨체스터, 피카딜리 가든스

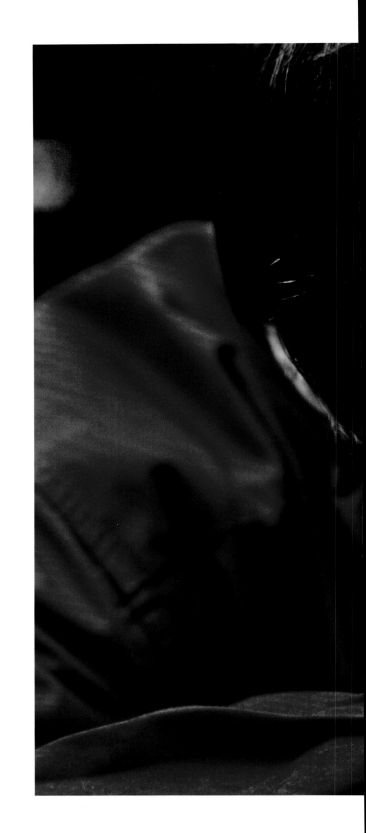

7월 29일

맨체스터, 백 조지 스트리트

7월 29일

맨체스터, 페버릴 오브 더 피크 펍

7월 29일

맨체스터, 메인 로드

노엘 갤러거의 이야기

노엘 갤러거

난 대부분의 아이들이 그렇듯 길거리와 학교에서 공을 차며 처음으로 축구에 빠져들었다. 잉글랜드 북서부 출신에겐 축구란 곧 전부였다.

아버지는 맨 시티와 맨체스터 유나이티드 경기를 다 보셨고, 심지어 가끔은(이상하게도) 리버풀 경기도 보셨다. 내 첫 직관은 아버지가 데리고 가주셨던 1974년, 메인 로드에서 열린 맨 시티 대 뉴캐슬 경기였다. 게임에 대해선 별로 생각나는 게 없지만 벨, 리, 서머비가 뛴 것을 본 기억은 선명하다. 스타디움은 내겐 거대해 보였고, 관중들의 함성과 소음, 응원가가 좋았다. 어마어마하게 압도적이었다.

학교에 가서 주말에 어딜 다녀왔는지 모두에게 이야기하고 나면 그걸로 끝이다. 평생 블루*가 되는 것이다.

콜린 벨은 나의 절대적 영웅이었다. 그는 프래니(프랜시스 리), 버저(마이크 서머비), 빅 맬(맬컴 앨리슨) 그리고 밴드 베이 시티 롤러스Bay City Rollers 같은 위대한 인물들의 포스터와 함께 내 침실 벽을 당당히 차지했다. 나는 당시에 축구 선수가 되길 꿈꿨다. 안 그런 남자도 있나?

한때는 학교 팀에서 잠깐 뛰기도 했다. 실력이 괜찮았느냐고? 아니. 솔직히 별로였다.

하지만 나는 경기를 보러 메인 로드를 걸어가는 의식을 사랑했다. 롱사이트 스톡포트 로드에 있던 우리 집에서 경기장까지 걸어가 모르는 사람에게 밀려 회전문을 통과하고 나면 아버지가 빠져나오길 기다리곤 했다. 핫도그와 오줌의 강렬한 냄새도 생생하다. 난 여전히 그 코를 찌르는 냄새와 축구가 함께 떠오른다.

----

* 맨 시티 팬덤명 중 하나

맨 시티 팬들은 오아시스 노래를 많이 부르지 않는다. 몇 곡을 쓰긴 했다. 에데르송에겐 'She's Electric'을 이렇게 개사해서 불렀다.

"그는 브라질 사람이야, 연봉은 고작 삼천만이지……"

그리고 1995년에 'Wonderwall'을 활용해 보려던 성의 없는 시도가 있었던 걸 기억한다. 그건 별로 마음에 안 들었지만, 오아시스가 언급된 거대한 배너와 깃발을 보는 건 진정 영광스러운 순간이다. 내게는 그것이 최고의 찬사다. 테라스의 사내들에게 존경받는다는 것, 그보다 더한 명예는 없다.

나는 아직도 수많은 선수들이 오아시스 팬이라는 사실이 비현실적으로 느껴진다. 세르히오 아궤로는 내게 자주 문자를 보낸다. 로커룸에서 선수들과 함께 한두 번 이상 우승을 축하한 적도 있다. KdB(케빈 더 브라위너)가 'Wonderwall'을 부르며 맥주를 건네는 건 정신 나갈 만큼 짜릿한 경험이다. 펩(호셉 과르디올라)은 내 친구다. 정말로 친구다. 내가 그를 얼마나 사랑하는데, 이게 현실이라니!

스윽 걸어 들어가 그들에게 "안녕!" 하고 인사할 수 있다는 건 진정한 특권이다. 이보다 좋을 수는 없다.

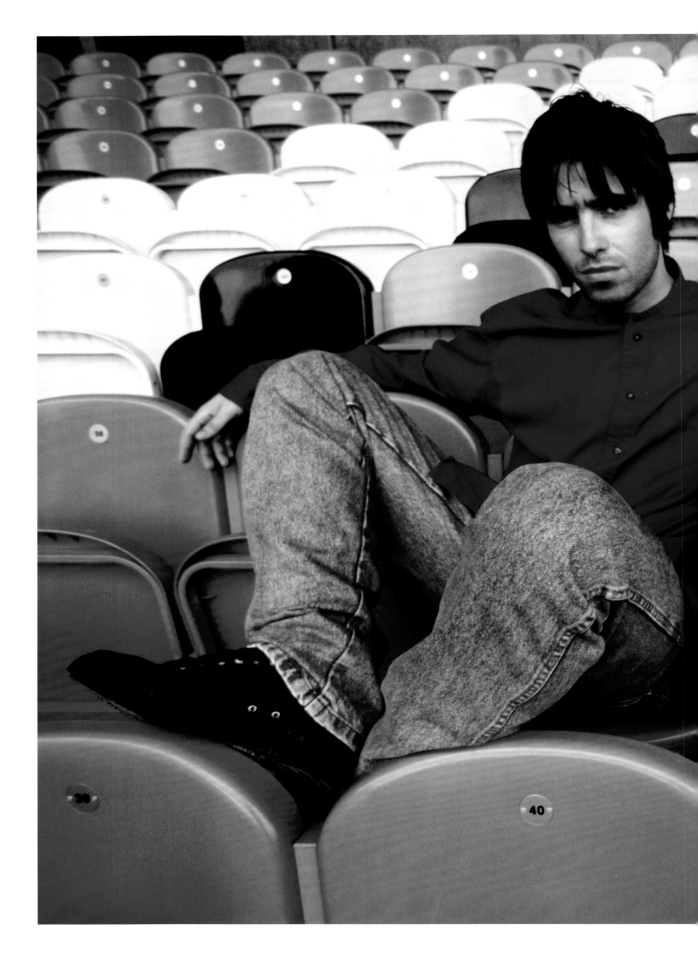

7월 29일

맨체스터, 포틀랜드 스트리트

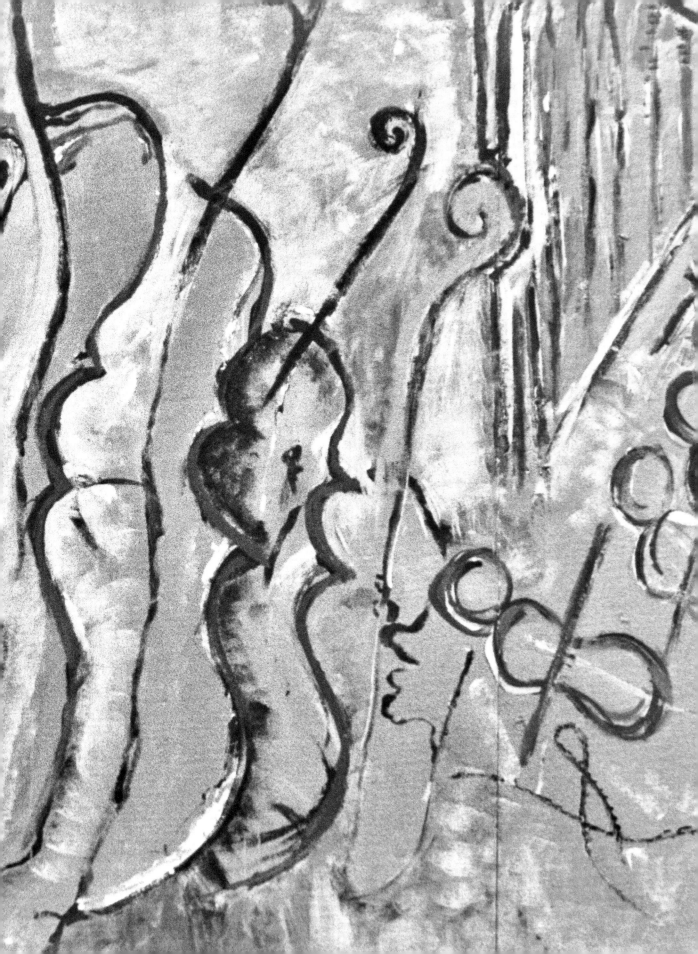

KL16894C.

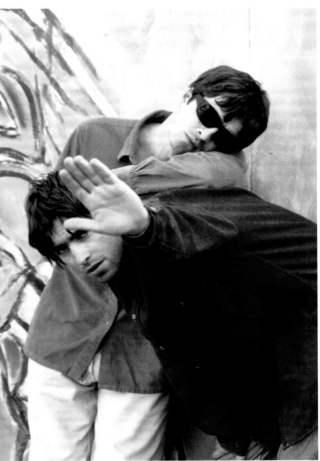

8월 30일

런던, 마블 아치
버진 메가스토어

"지나고 나니 할 수 있는 말인데, 1994년의 나에게
말해주고 싶다. 여분의 곡들을 B 사이드로 방출해 버리지 말고,
코카인에 취한 채 앨범을 믹싱하지 말라. 후회하게 될 것이다."
―노엘 갤러거

12월 26일
맨체스터, 메인 로드
맨 시티 vs 블랙번

오아시스 그리고 지금의 음악

노엘 갤러거와
케빈 커민스의 대화

음악이 사람들에게 줄 수 있는 게 무엇이라고 생각하나?
슬프게도 이 시대, 지금 세대에겐 사실상 아무것도 없다.
내겐 십대 자녀들이 있는데, 걔들에게 있어 음악은 관심을
갖는 대상의 우선순위 중 10위 안에도 못 낄 것이다.

어떤 뮤지션의 음악을 즐겨 듣나?
그때그때 기분에 따라 다르다. 난 취향이 아주 다양하다.
버디 홀리부터 골디까지, 그리고 그 사이에 있는 거의 모든
음악을 다 듣는다. 하지만 솔직히 말해 메탈 팬은 아니다.

당신이 본 중 최고의 라이브는 누구였나? 언제 어디서 봤나?
최고란 존재하지 않는다. 내가 봤던 라이브 중 여러 해가
지나도 기억에 남은 뮤지션들은 U2, 폴 웰러, 닐 영, 골디,
엔니오 모리코네, 더 스트록스, 영 파더스. 그 외에도 셀 수
없이 많다.

당신은 음악을 바이닐, CD, 디지털로 듣는 것 중 무엇을
선호하나?
상관없다. 나는 음향 과학에는 별 관심 없다. 내 귀에는 내
폰도 바이닐만큼 소리가 좋다.

당신의 플레이리스트에 제목을 붙이나?
물론이다. 하지만 제목이 뭔지는 말해주지 않을 거다.

2025년 재결성 공연 티켓 판매 전에, 오아시스가 실제로
얼마나 인기가 많은지 실감했나? 어느 정도 알긴 했지만,

영국인의 거의 절반이 티켓을 사려고 했다는 사실은 상당히
놀라웠을 텐데.
대단할 거라고 생각은 했지만, 정말로 얼마나 대단한 일인지
알게 되자 꽤나 놀랐다.

에번 댄도와 아직 연락하나? 처음에 그와 어울려 다니게 된
계기를 기억하나?
아니. 뉴욕에서 한 십 년 쯤 전에 우연히 마주치긴
했다. 오아시스와 레몬헤즈는 1994년에 여러 차례 같은
페스티벌에서 공연했다. 우린 죽이 잘 맞았다.

몇 년 전에 난 당신에게 20x16인치 사진 한 장을 줬다.
리버풀 스카이라인을 배경으로 한 OMD(Orchestral
Manoeuvres in The Dark)의 4트랙 테이프 레코더 사진으로
당신이 고른 것이다. 왜 그걸 골랐나?
아주 멋진 사진이라고 생각했던 것뿐이다. 난 OMD의
엄청난 팬은 아니지만 좋아하긴 한다.

운전을 하거나 뭔가를 하다가 자기도 모르게 자기 노래를
흥얼거리고 있던 적이 있나?
없다. 사실 곡을 쓰다가 막히면 가끔 산책을 나가서
머릿속으로 정리하려고 해볼 때도 있다.

마지막으로, 당신이 제일 좋아하는 오아시스 곡은?
한 곡 이상 골라도 되나? 'Supersonic' 'Some Might Say'
'Live Forever' 'Rock'n' Roll Star'.

감사의 말

좋은 팀의 도움이 없다면 이런 책을 엮어내는 건 불가능하다. 나는 몇 년 동안이나 함께 작업해온 카셀 출판사의 핵심 인력들과 이번에도 함께 할 수 있어 행운이었다.

참을성 있는 편집자 앨리슨 스탈링에게 감사를 보낸다. 그녀의 아이디어와 지원은 언제나 그렇듯 소중했다. 마감 전후에도 비교적 평정을 유지하는 그녀의 능력은 상당히 놀랍다.

이 책이 있을 수 있게 해준 조너선과 폴라인에게도 늘 그렇듯 감사한다. 내가 마감을 아슬아슬하게 맞춰서 악몽을 꿀 때조차 이들은 함께 일하기 수월하다. 스캔을 맡아준 아이코닉의 블레이크 루이스와 앨리스 핀슨에게도 감사드린다.

내 에이전트 캐리 카니아에게 큰 감사를 보낸다. 캐리의 꾸준한 지원과 격려, 샴페인 덕택에 힘든 겨울 몇 달을 버틸 수 있었다. 내가 새 책을 작업할 때마다 소호의 프렌치 하우스 매상이 크게 오른다. 하지만 솔직하게 말하자면, 내가 거기서 보낸 날들에 대한 핑계 따위는 필요 없다.

게일 크라우더가 없었다면 난 이 책을 만들지 못했다. 책 제목은 게일이 제안한 것이다. 내가 새 책 작업을 할 때마다 게일은 쉬운 선택지에 만족하지 말라고 격려해준다. 모든 걸 응원해줘서 고마워. 그게 나한테는 엄청난 힘이 된다는 걸 당신도 알지.

오아시스의 엄청난 팬인 내 딸 엘라에게 감사한다. 여러 해에 걸쳐 엘라가 노엘에게서 뜯어낸 공연 티켓 수를 보면 얼마나 열성팬인지 알 수 있다.

맨체스터 시티 런던 지부 예술 위원회가 준 즐거움에 감사한다. 유럽의 끝내주는 도시들에서 끝내주는 시간을 보내게 해준 롭, 제프, 스컬리, 마이크, 찰리 등에게 감사한다. 여행을 원활하고 신나게 만들어준 스티브 로빈슨과 수전 히드에게 큰 감사를 보낸다.

인쇄 전에 읽어보고 쉼표를 줄이라고 제안하길 좋아하는 샐리에게도 감사한다.

언제나 내 책을 응원해주는 노엘 갤러거에게 큰 감사를 보낸다. 노엘은 이 책에 실을 글을 써 주었고, 언제나 더 많이 도와주겠다고 말한다. 얼마나 귀중한지 모른다.

이그니션의 모든 분들, 특히 언제나 가까운 곳에서 도와주며 더욱 많이 지원해주려 한 캣, 세라, 클레어, 에밀리에게 감사한다.

아디다스의 게리 아스프덴과 샘, 션, 하이디, 닉을 비롯한 모두의 호의에 감사한다.

오리지널 밴드 멤버들(폴 아서스, 폴 맥기건, 토니 맥캐롤)에게 감사드린다. 이 이야기에서 여러분이 맡았던 역할은 결코 과소평가되어서는 안 된다.

그리고 리암 갤러거에게도 감사한다. 마지막으로 내가 그를 촬영했을 때 그는 "우리 애(노엘)가 아니라 나를 촬영하고 있으니 신나겠어요."라고 말했다.

마지막으로 모든 독자들께 감사드린다. 이 책이 존재하는 이유가 바로 여러분이다. 모두 이 책을 즐기시길 진심으로 바란다. 그리고 공연 티켓은 못 구해 드린다. 미안, 마음은 굴뚝같지만. 어쩌면 다음 기회에. 분명히, 어쩌면⋯⋯.

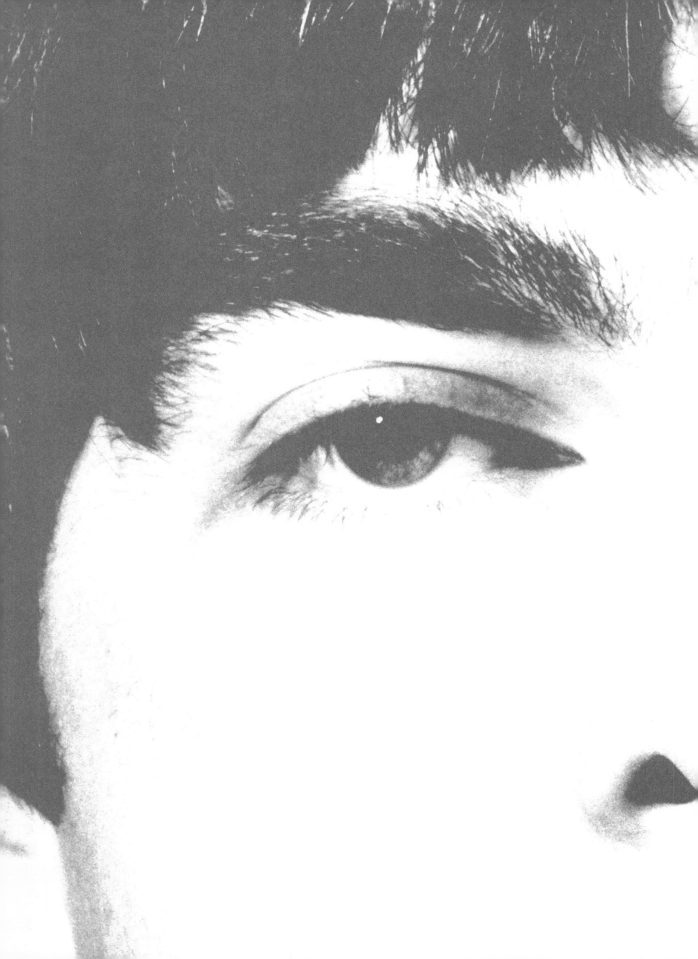